El águila

El águila

Melissa Gish

Vida salvaje

CREATIVE EDUCATION

CREATIVE PAPERBACKS

Publicado por Creative Education y Creative Paperbacks
P.O. Box 227, Mankato, Minnesota 56002
Creative Education y Creative Paperbacks son marcas
editoriales de Creative Company
www.thecreativecompany.us

Diseño de Tom Morgan (www.bluedes.com)
Dirección de arte de Rita Marshall
Producción de Ciara Beitlich
Editado de Jill Kalz
Traducción de TRAVOD, www.travod.com

Fotografías de Alamy (blickwinkel, Nature Picture Library, andy rouse – wildlife,
Genevieve Vallee), AP Images (Chris Szagola), Corbis (Arthur Morris), Dreamstime
(Karoline Cullen, Hkratky, Jomann, Ryszard Laskowski, Mav888, Orchidpoet, Pattha263,
Pressurepics, Gea Strucks), Flickr (Bio Diversity Heritage Library, Louis Agassiz
Fuertes/Bio Diversity Heritage Library, W. P. Pycraft/Bio Diversity Heritage Library),
Getty (Drew Hallowell, Klaus Nigge, Adina Tovy), iStock (Anthony Baggett, Dmitry
Deshevykh, Jonathan Heger, Danish Khan, Hans Laubel, Tommy Martin, Jean vd
Meulen, Michael Nikiforov, Jelena Popic, Spas Popov, Bart Sadowski, Lori skelton,
Nico Smit, Terry Wall, Simin Zoran, ZU_09), Shutterstock (Warren Metcalf, Patthana
Nirangkul, Jeffry Weymier), Wikimedia Commons (John Megahan)

Library of Congress Cataloging-in-Publication Data
Names: Gish, Melissa, author.
Title: El águila / Melissa Gish.
Other titles: Eagles. Spanish
Description: Mankato, Minnesota : Creative Education and Creative
    Paperbacks. [2024] | Series: Vida salvaje | Includes index. | Audience:
    Ages 10–14 | Audience: Grades 7–9 | Summary: "Brimming with photos and
    scientific facts, Eagles treats middle-grade researchers and wild animal
    lovers to a comprehensive zoological profile of these brilliant birds of
    prey. Translated into North American Spanish, it includes sidebars, a
    range map, a glossary, and an eagle myth from the Pacific Northwest"—
    Provided by publisher.
Identifiers: LCCN 2022051135 (print) | LCCN 2022051136 (ebook) | ISBN
    9781640267398 (library binding) | ISBN 9781682772997 (paperback) |
    ISBN 9781640009059 (ebook)
Subjects: LCSH: Eagles—Juvenile literature.
Classification: LCC QL696.F32 G57418 2024 (print) | LCC QL696.F32 (ebook)
    | DDC 598.9/42—dc23/eng/20221122

Impreso en China

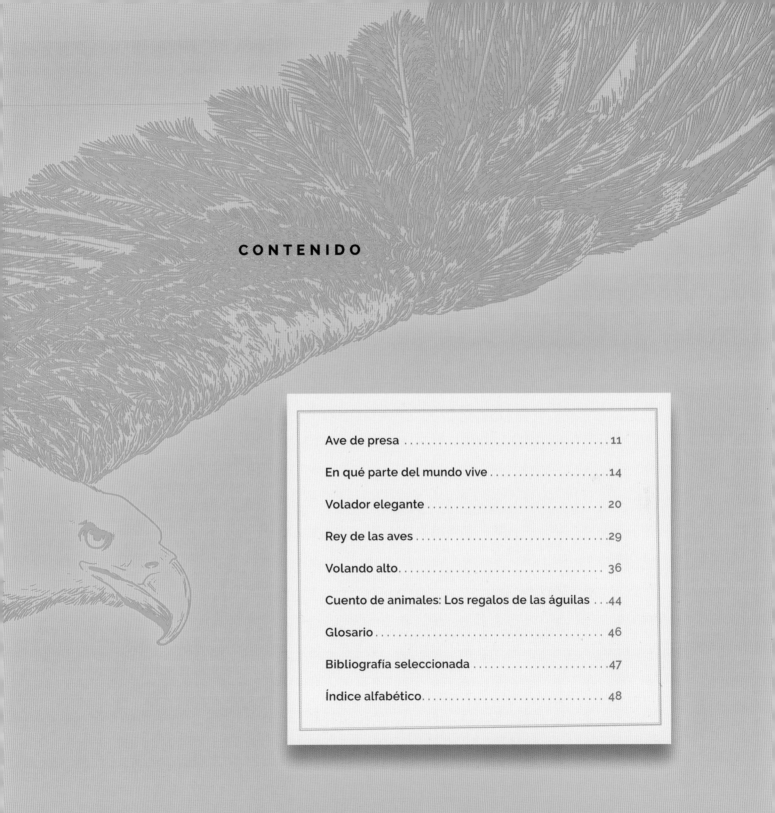

CONTENIDO

Es principios de junio en las Montañas Rocosas canadienses y la luz del sol brilla trémula sobre la superficie lisa del Lago Moraine. Altos árboles perennes bordean el lago, llenando el aire fresco de la mañana con el penetrante aroma del pino. Desde lo alto de su percha en uno de los árboles más altos, un águila calva hembra comienza a planear hacia el lago; sus alas extendidas miden unos 7 pies (2 metros) de un extremo al otro. Había divisado un enjambre de caballitos del diablo que atrajo a los peces, que se acercan a la superficie del agua para atrapar a los insectos. De pronto, el águila agita sus alas con fuerza y desciende en picada hacia el agua. Con un movimiento suave, roza la superficie, mete las patas en el agua en un rápido chapoteo y atrapa un pez. Entonces, se eleva hacia el cielo nuevamente y vuela en círculos, dirigiéndose de regreso a lo alto de los árboles, donde aterrizará sobre una rama fuerte y devorará a su presa.

Se denomina aves de presa a las águilas y otras aves que comen carne que generalmente obtienen de la caza.

Ave de presa

El águila vive en todos los continentes, excepto la Antártida y, dondequiera que hay águilas, la gente tradicionalmente las ha considerado un símbolo de fortaleza y dignidad. El nombre «águila» proviene originalmente del latín *aquilus*, que significa «de color oscuro».

Probablemente esta palabra se usó para describir a un ave que, según la mayoría de los expertos, era un águila real. El ave se convirtió en *aquila* en latín, pero luego, en la Europa del siglo XII se la llamó *egle*, palabra que se refería a su pico pronunciadamente curvo.

Las más de 60 especies de águilas, del orden Falconiformes, suelen dividirse en cuatro grupos principales: águilas marinas, águilas culebreras, águilas gigantes de la selva tropical y águilas calzadas. Hay once especies clasificadas como águilas marinas. Este grupo incluye al águila pescadora africana, al águila marina de Sanford y al águila calva —una de las águilas más grandes de América del Norte. Las águilas marinas se limitan a hábitats cercanos a ríos, lagos y océanos. El águila pescadora de Madagascar ha sufrido enormemente por la pérdida de hábitat ocasionada por la agricultura y el desarrollo urbano y, actualmente, está en grave peligro de extinción. Las 5.000 parejas reproductivas de águila marina de Steller que quedan en el mundo se encuentran solo a lo largo de una estrecha franja costera alrededor del Mar de Okhotsk y la Península de Kamchatka en Rusia durante el verano y en el lago Kuril en Japón durante el invierno.

Las 12 especies de águilas culebreras se encuentran solamente en las selvas de tierras bajas tropicales y subtropicales y en las llanuras de África, Asia y el sur de Europa. Este grupo incluye al águila culebrera europea, al águila mora y al águila volatinera —ave increíble cuyo estado de ánimo se refleja en el cambio de color de las patas y la cara que pueden ir del rosa hasta el rojo oscuro. El águila culebrera azor, de Madagascar, es una de las aves de presa más amenazadas de la Tierra. A causa de la destrucción de su hábitat en los bosques tropicales, la última vez que se vio a esta ave en estado silvestre fue en 1994.

Solo hay seis especies de águilas gigantes de la selva tropical. Como su nombre lo sugiere, estas águilas viven en densas selvas tropicales de todo el mundo, incluyendo las de América del Sur, Asia y de islas como Nueva Guinea y las Filipinas. Estas son las águilas más grandes del mundo e incluyen especies tales como el águila filipina, el águila arpía y el águila crestada de Guyana. El águila crestada de Guyana vive en las profundidades de la selva tropical de Guyana (la antigua Guayana Británica), un país del norte de América del Sur donde el 70 por ciento del territorio permanece virgen, y es tan remota que sigue siendo en gran medida un misterio para los científicos.

Las águilas calzadas (también llamadas águilas verdaderas) conforman el grupo más grande, con 30 miembros. Estas águilas se llaman así por las plumas que se extienden por sus piernas y hasta sus patas, dando una apariencia semejante a botas. Este grupo incluye el águila audaz australiana, el águila rapaz, el águila marcial —la especie de águila más grande de África— y el águila real, que se encuentra por todo el mundo, desde el Círculo Polar Ártico hasta el ecuador. El grupo de las águilas calzadas también incluye a las águilas azores, que presentan una coloración sorprendente en patrones como rayas y motas. El águila azor galana, una pequeña águila de América Central y del Sur, tiene rayas blancas y negras, y el águila azor variable, que **migra** entre India y el Sudeste Asiático, tiene motas o franjas blancas y cafés.

Su ocasional silbido musical convierte al águila culebrera europea en una de las águilas más silenciosas.

En qué parte del mundo vive

Las águilas se encuentran en todos los continentes, excepto en la Antártida. Clasificadas por sus necesidades de hábitat y por sus características físicas, el grupo más grande, el de las águilas calzadas, es también el más extendido, en tanto que el de las águilas gigantes de la selva tropical es el más contenido. Las águilas marinas y las águilas culebreras conforman los demás grupos. Los números del mapa representan los hábitats de las especies principales de cada grupo.

11. Águila calva: América del Norte, desde Canadá hasta el norte de México

11

11

1

11

11

1. **Águila real:** América del Norte, Europa, norte de África, Asia

2. **Águila volatinera:** África y Arabia

3. **Águila culebrera europea:** frontera norte del Mar Mediterráneo, Rusia, Medio Oriente

4. **Águila marina de Steller:** Mar de Okhotsk y la Península rusa de Kamchatka

5. **Águila culebrera filipina:** Filipinas

6. **Águila audaz:** Australia

7. **Águila rapaz:** África, sudoeste de Asia hasta India

8. **Águila crestilarga:** sur de África

9. **Águila marcial:** África

10. **Águila pescadora africana:** África

Los ojos del águila calva tienen aproximadamente el mismo tamaño que los ojos humanos, pero la vista del águila es al menos cuatro veces más aguda que la vista humana normal.

En términos generales, el águila es un ave, lo que significa que es un animal de sangre caliente, con plumas y pico, que camina en dos patas y pone huevos. Más específicamente, el águila pertenece a las aves rapaces, también conocidas como aves de presa. Como carnívora, caza su alimento usando su vista poderosa y captura a su presa con sus fuertes y filosas garras, y su pico en forma de gancho. Los parientes más cercanos del águila son otras aves rapaces: el halcón, el aguilucho, el gavilán, el milano y el buitre. El águila se parece mucho al buitre, excepto que su cabeza está totalmente cubierta de plumas.

E l pico del águila está hecho de queratina, el mismo material que se encuentra en las uñas humanas, y crece de forma continua. El uso normal del pico lo mantiene afilado y desgastado al largo apropiado. Un águila hambrienta es un comensal eficiente. Con su pico en forma de gancho desgarra a su presa, arrancando la carne. Después, usando los bordes filosos de su pico como cuchillo, el águila arranca trozos de carne de los huesos de su presa y se traga la carne entera.

Las fuertes patas y filosas garras mantienen a la presa en su lugar mientras el águila cena. El águila tiene tres dedos que apuntan hacia delante y uno que apunta hacia atrás. El dedo medio frontal y el dedo trasero son los más cortos, pero tienen las garras más largas. Al igual que el pico, las garras también están hechas de queratina y crecen durante toda la vida del águila. Al rasguñar los huesos de la presa y sujetarse a las ramas de los árboles y otras perchas evitan que las garras crezcan demasiado.

A veces, el águila calva atrapa peces que son demasiado pesados para cargarlos y termina en el agua.

Para cazar, el águila depende de su aguda visión. Los ojos del águila están ubicados a los lados del cráneo, lo que permite al ave mirar hacia fuera y hacia delante al mismo tiempo. A esto se le llama visión binocular y le permite al águila calcular distancias con precisión. El ojo del águila tiene una membrana nictitante (un párpado interno transparente) que se cierra de adelante hacia atrás, limpiando el polvo del globo ocular y protegiendo la sensible pupila de la luz del sol directa.

Al igual que sus ancestros, las aves modernas tienen huesos huecos y esto los hace más ligeros para el vuelo. Normalmente, las águilas hembras son entre 10 y 30 por ciento más grandes que los machos; característica poco común en especies de aves más pequeñas. El águila marina de Steller hembra es el águila más pesada del mundo, con un peso de aproximadamente 20 libras (9,1 kilogramos). Aunque pesa menos que el águila marina de Steller, el águila filipina mide unos 3,5 pies (1 m) de altura y es el águila más alta del mundo. El águila arpía tiene la mayor envergadura —hasta 7 pies (2 m)—, y el águila más liviana del mundo, el águila calzada, tiene una envergadura de casi 4 pies (1,2 m) y pesa un poco más de 2 libras (1 kg).

El águila marina de Steller recibió su nombre en honor al zoólogo y explorador del siglo XVIII, Georg Wilhelm Steller, quien naufragó en el mar de Bering.

Las águilas calzadas son expertas en volar en círculos en lo alto del cielo y luego lanzarse en picada casi hasta tocar el suelo para arrebatar a su presa con sus garras.

El águila tiene alas increíblemente poderosas. Las alas de la mayoría de las águilas son largas y anchas, y esto les permite a estas aves planear por grandes distancias sin tener que aletear. Algunas especies, como el águila culebrera chiíla, tienen alas cortas que les permiten volar velozmente por el bosque y maniobrar para esquivar los árboles. Las alas anchas del águila también le ayudan a emprender el vuelo cargando una presa pesada. El águila arpía puede cargar su propio peso y volar a una velocidad de hasta 50 millas (80 kilómetros) por hora a través de los bosques tropicales sudamericanos.

Volador elegante

L a mayoría de las especies de águilas pueden vivir hasta 30 años en estado silvestre o hasta 50 años en cautiverio. El águila alcanza la madurez y está listo para aparearse a los cuatro o cinco años de edad. La mayoría de las especies de águilas permanecen con un solo compañero de por vida, pero si uno de los dos muere, el otro buscará una pareja nueva.

Para encontrar pareja, las águilas realizan rituales de cortejo que incluyen acrobacias aéreas impresionantes, llamadas exhibiciones de vuelo. Un águila necesita saber que su compañero será buen proveedor, y unas habilidades de vuelo sólidas indican cuán capaz es un águila de capturar presas para sus crías.

Un tipo de exhibición de vuelo es la rueda de carro. Dos águilas vuelan alto en el aire —a una altura de hasta 10.000 pies (3.048 m)— enganchan sus garras y luego caen, dando giros en el aire. En el último momento, las dos aves se separan y vuelven a volar hacia el cielo. En una exhibición impresionante llamada la montaña rusa, un águila vuela

El águila volatinera obtiene su nombre de los volatineros o equilibristas, por la forma en que inclina las puntas de sus alas mientras vuela, que hace parecer como si hiciera equilibrismo.

alto hacia el cielo, guarda sus alas y se dirige en picada a toda velocidad hacia el suelo. En el último momento, el águila vuelve a ganar altura para evitar golpearse contra el suelo.

Aunque las exhibiciones de vuelo del águila pueden servir para impresionar a su pareja, el comportamiento que afianza su vínculo es la construcción del nido. Las águilas construyen su nido en la cima de árboles grandes o en lo alto de los acantilados. Ambos miembros de la pareja contribuyen con palitos y ramas para el nido y la mayoría de las especies mantiene el nido a lo largo de todo el año, agrandándolo y manteniéndolo resistente. Una pareja de águilas normalmente reutiliza el mismo nido año tras año, durante 20 o 30 años.

El nido varía dependiendo de la especie de águila y puede medir entre 3 y 6 pies (0,9-1,8 m) de ancho. El águila calva construye uno de los nidos más grandes del mundo. El nido más grande de águila calva jamás registrado se encontró en Florida y medía 9,5 pies (2,9 m) de ancho por 20 pies (6 m) de profundidad; pesaba 6.000 libras (2.722 kg). A veces, los nidos de las águilas llegan a ser tan pesados que la rama sobre la que están construidos se rompe por el peso y los nidos caen al suelo.

La mayoría de las águilas hembras ponen entre uno y tres huevos al año, a razón de un huevo por día. Algunas especies, entre ellas el águila real, pueden poner hasta cuatro huevos. Dependiendo de la especie, los huevos normalmente miden entre 2 y 5 pulgadas (5-13 centímetros) de largo y su color varía desde el blanco pálido, pasando por el azul o verde pálido, hasta el café moteado. A un grupo de huevos se le denomina nidada. Al igual que los huevos de todas las aves, los huevos de las águilas deben incubarse, o mantenerse calientes, mientras las crías se desarrollan en su interior. Ambos progenitores participan en la tarea de incubación y toman turnos para sentarse cuidadosamente en

Los investigadores han descubierto que si los cascarones de los huevos de las águilas son demasiado delgados, los aguiluchos tienen una tasa de supervivencia menor.

el nido con los huevos colocados bajo el pecho y las alas. Dependiendo de la especie, las águilas incuban sus huevos entre 30 y 60 días, período después del cual las crías rompen el cascarón.

La cría de un águila se llama aguilucho. Usando su **diente de huevo**, el aguilucho rompe, poco a poco, el duro cascarón. Esto le puede llevar entre 12 y 48 horas. La mayoría de los aguiluchos pesan menos de 6 onzas (170 gramos), pero pueden comer de inmediato la carne que su madre les trae. Los aguiluchos aumentan alrededor de una libra (0,5 kg) por semana hasta que alcanzan la madurez; esto convierte a las águilas en una de las aves con el crecimiento más rápido del mundo. Los aguiluchos nacen cubiertos con un plumón gris claro y patas color carne. Durante las tres primeras semanas de la vida del águila, el suave plumón se va tornando más oscuro y grueso, y sus patas se vuelven amarillas.

Al principio, los aguiluchos son débiles y gatean por el nido de rodillas, sobre la parte de la pata llamada tarso. Para las cinco semanas de edad, empiezan a caminar y a despedazar las presas que ambos progenitores les llevan. Los aguiluchos suelen pelear por la comida y, en muchos casos, el aguilucho que haya salido del huevo primero matará a sus hermanos más chicos; esta práctica se denomina fratricidio. Esto aumenta las posibilidades de supervivencia de este aguilucho hasta que abandone el nido, ya que será el único que recibirá todo el alimento. En climas fríos, donde el invierno puede ser crudo y la comida escasa, un aguilucho tiene un 50 por ciento de probabilidades de sobrevivir el primer año. El climas cálidos, las probabilidades son mucho más altas.

Para cuando el aguilucho cumple entre 8 y 10 semanas, el plumón ha sido reemplazado por plumas y la cría ya puede aletear, elevándose un poco del suelo del nido. Conforme se va fortaleciendo, el aguilucho puede abandonar el nido para explorar los alrededores, pero dependerá totalmente de sus padres para alimentarse durante otras dos a tres semanas.

A los cuatro o cinco meses de edad, el aguilucho está completamente desarrollado y listo para volverse independiente. Lo han alimentado tan bien que la cría ahora pesa más que sus padres. Pero una vez que abandone el nido y empiece a cazar por sí solo, el aguilucho adelgazará y tendrá el mismo tamaño que sus padres. Dependiendo de la especie, un águila joven puede aún no tener **plumaje** de adulto. Por ejemplo, las plumas blancas del cuerpo del

Después de que los aguiluchos han salido del cascarón, uno de los progenitores se queda con ellos durante sus primeras dos semanas de vida.

Un águila calva adulta tiene más de 7.000 plumas y, sin embargo, sus alas suelen pesar menos de 2 libras (1 kg).

El águila marcial africana ataca a presas mucho más grandes — incluso a crías de jabalí verrugoso defendidas por su madre.

águila marina y de la cabeza del águila calva permanecen negras o cafés hasta que esas aves cumplen tres o cuatro años de edad.

Como depredador alfa (animal que está en la cima de su **cadena alimenticia**), el águila ayuda a mantener un entorno saludable para todos los seres vivos de su hábitat. Muchos tipos de águilas, entre ellas el águila imperial del sudeste de Europa, ayudan a reducir la cantidad de ratones, conejos y otros animales pequeños que podrían dañar su entorno si se les permitiera sobrepoblarlo. El águila también come carroña, o cadáveres de animales muertos. Esto ayuda al ciclo natural de descomposición y también ayuda a reducir la transmisión de enfermedades de los animales. Además, tanto las águilas culebreras como las volatineras se encuentran entre los pocos depredadores de serpientes venenosas y esto beneficia a los humanos que viven en zonas donde dichas criaturas representan una amenaza.

Las águilas adultas no tienen enemigos naturales además de las águilas más grandes. Los humanos son los que más afectan a las poblaciones de águilas de todo el mundo. La destrucción del hábitat de las águilas y los ataques con armas de fuego, trampas y veneno, son prácticas que han reducido la cantidad de muchas especies de águilas, entre ellas el águila real japonesa, de la que quedan menos de 650 ejemplares en estado silvestre, casi al borde de la **extinción**.

Las águilas trituran la carne con sus picos filosos antes de persuadir a sus crías para que tomen la comida de su boca.

Rey de las aves

En la historia de la humanidad, ninguna otra ave ha aparecido en el arte y las tradiciones de tantas culturas como el águila. Objetos que datan de hace más de 10.000 años contienen águilas como símbolo de fuerza, honor, nobleza y arrojo.

La Tumba de las Águilas, de aproximadamente 5.000 años de antigüedad, encontrada en 1958 por un agricultor en una isla escocesa, revela la importancia de las águilas para los antiguos humanos. Durante alrededor de 800 años, los pobladores de aquella isla enterraron a sus muertos en esa tumba y junto con los cuerpos incluían águilas, muy probablemente bajo la creencia de que las águilas transportarían a los muertos hacia el más allá. Se descubrieron miles de huesos humanos junto con los esqueletos de aproximadamente 14 águilas marinas de cola blanca.

En todo el mundo antiguo, las águilas tenían un estatus especial y se las solía conectar con los dioses y los líderes de un pueblo. En la **mitología** griega, el poderoso dios Zeus asumió la forma de un águila para raptar a Ganimedes, un pastor, que entonces se convirtió en su amado sirviente. En la antigua Roma, Zeus era conocido como Júpiter, y los antiguos romanos creían que el águila era el portador de los rayos de Júpiter. El águila real, nativa del sur de Europa, se convirtió en el símbolo de los emperadores romanos, y se esculpieron en oro imágenes de águilas que se llevaban puestas sobre corazas y escudos

El artista danés del siglo XIX, Bertel Thorvaldsen, plasmó la historia de Zeus y Ganimedes en esta escultura de mármol.

como símbolo del Imperio Romano, conforme sus ejércitos marchaban por Europa y Asia, del año 27 a. C. al 476 d. C.

El águila es un símbolo sagrado entre prácticamente todos los pueblos **indígenas** del mundo, desde América del Norte y del Sur hasta África y Asia. Como el águila se considera el rey o el jefe de todas las aves, las plumas de águila se usan como símbolo de valor y poder. Han aparecido imágenes de águilas en máscaras, joyería, atuendos y obras de arte de cientos de culturas. Para las danzas tradicionales se usan trajes de danza especiales y los indígenas estadounidenses de ascendencia creek y cherokee siguen realizando la Danza del Águila en la actualidad. Esta danza se usa para recibir a extraños y para celebrar la victoria en una batalla o en competencias.

En América del Norte, hace cientos de años, los Laxsgiiks, un clan del pueblo tsimshian del noroeste de Columbia Británica y el sur de Alaska, tomaron su nombre del águila, o xsgiik, en lengua Tsimshian. Este pueblo aún sigue recurriendo al águila como símbolo principal de su clan y, tradicionalmente, ha usado plumas y plumones de águila en sus ceremonias sagradas. La imagen del Espíritu del Águila está tallada en **tótems** y se usa en la indumentaria, y los miembros del clan le rezan al Espíritu del Águila, que creen puede predecir el futuro y darles consejos.

La importancia simbólica de las águilas para naciones enteras ha persistido a través de los años. Hay imágenes de águilas en los **escudos de armas** de docenas de países de todo el mundo, desde la nación europea de Austria al país africano de Zambia, ya que comúnmente representan la libertad y la soberanía. Como en Austria, el animal nacional de Alemania es el águila negra, y la imagen de un águila negra aparece en el escudo de armas de ese país desde hace al menos 800 años. Napoleón I, quien se autoproclamó emperador de Francia en 1804, basó el símbolo de su nuevo imperio en la imagen de un águila real del antiguo Imperio Romano. Hoy en día, el

Cuando los antiguos griegos marchaban a la guerra, liberaban a un águila para que volara sobre la compañía de soldados, a fin de darles ánimo.

águila aparece en banderas, uniformes militares, monedas y billetes de todo el mundo.

El símbolo nacional de Estados Unidos es el águila calva. Pueden verse águilas en los logos del Servicio Postal de EE. UU., de American Airlines, de las motos Harley Davidson y en las ramas de las ligas americana y nacional de las grandes ligas de béisbol. El águila es el sello distintivo de las cuatro divisiones militares de EE. UU. y de las fuerzas armadas canadienses. El rango superior de los Boy Scouts es el Scout Águila; la 101a división aerotransportada del ejército de EE. UU. se conoce como

La estatua de un águila monta guardia en la Catedral de Reims, donde durante 600 años se coronaron los reyes franceses.

las «Águilas aulladoras»; y un avión de combate militar de EE. UU., el F-15, se llama el Águila. Cuando las organizaciones quieren enviar el mensaje de que son las mejores, el águila es el logo que transmite esa idea.

Podemos encontrar águilas en el arte y la arquitectura de todo el mundo, simbolizando poder en templos, palacios y monasterios antiguos.

El águila incluso ha ido al espacio. En el verano de 1969, la agencia espacial estadounidense, la Administración Nacional de Aeronáutica y el Espacio (NASA), envió a los primeros hombres a la luna a bordo del Apolo 11. Alunizaron en un módulo lunar llamado «Águila». El astronauta Neil Armstrong, al hablar con los controladores del centro de comando de la NASA en Houston, Texas, pronunció las primeras palabras famosas desde la luna: «Houston, aquí la base Tranquilidad. El 'Águila' ha alunizado». El águila tiene tanto valor en la cultura humana que incluso una constelación de estrellas de nuestra galaxia la Vía Láctea — Aquila, el águila — y la nebulosa del Águila, una zona donde se forman estrellas y que está ubicada a 7.000 años luz de la Tierra, llevan el nombre del rey de las aves.

Las águilas también representan equipos deportivos en todo el mundo, desde la Universidad Aeronáutica de Embry-Riddle, cuyo equipo competitivo de aeronaves se llama Golden Eagles (Águilas Reales), hasta la nación africana de Nigeria, cuyo equipo nacional de fútbol lleva el apodo de los Súper Águilas. El águila Azul es la mascota oficial de la Universidad de la Costa del Golfo de Florida, y en el fútbol americano profesional, los Philadelphia Eagles (Águilas de Filadelfia) de la Liga Nacional de Fútbol, ganaron el Super Bowl en 2018.

Dos importantes bandas de rock llevan el nombre de las aves más majestuosas del mundo. *The Eagles*, grupo estadounidense de Los Ángeles, se formó en 1971 y en 1998 fue admitido en el Salón de la Fama del Rock and Roll. *Eagle & Hawk*, un grupo de rock de las primeras naciones canadienses, de Winnipeg, Manitoba, lanzó 10 álbumes desde que se formó en 1994 y ha ganado numerosos premios.

La mascota de los Philadelphia Eagles, Swoop, adoptada en 1988, lleva la bandera del equipo por todo el campo antes de un partido.

Los antiguos babilonios creían que una criatura con cabeza de águila había sido enviada por el dios Ea para darles sabiduría.

Como se considera a las águilas nobles criaturas, pocas veces aparecen como personajes cómicos. Una excepción fue el águila Sam, un personaje habitual de la serie de televisión *El Show de los Muppets*, que se transmitió en EE. UU. de 1976 a 1981, y de las películas de los Muppets. Sam tenía un espíritu patriótico y se presentaba como un personaje solemne, aunque a veces mal informado. Otro personaje que se llamó Sam (por el «Tío Sam», la personificación nacional de EE. UU.) fue el Águila Olímpica Sam, la mascota de los Juegos Olímpicos de Verano de 1984, que se llevaron a cabo en Los Ángeles.

Volando alto

Todas las aves **evolucionaron** a partir de reptiles de huesos huecos que existieron hace millones de años. Un eslabón posible entre estos dos tipos de animales es el *arqueoptérix*, una criatura con alas cubiertas de plumas y dientes reptilianos.

El arqueoptérix vivió durante el período Jurásico tardío, hace aproximadamente 150 millones de años, y luego de su desaparición otras criaturas parecidas a aves siguieron evolucionando. Los fósiles indican que las primeras aves rapaces aparecieron hace aproximadamente 50 millones de años. Los científicos creen que un ancestro directo del águila vivió en África hace unos 2,5 millones de años y tenía el mismo tamaño que el águila coronada que actualmente vive en los bosques tropicales de África.

Hasta hace apenas 700 años, vivía en Nueva Zelanda una especie de águila gigante: el águila de Haast, que pesaba 33 libras (15 kg) y tenía una envergadura de 10 pies (3 m). Este águila cazaba al moa, un ave no voladora cuya especie más alta medía 10 pies (3 m) de alto y pesaba hasta 500 libras (227 kg). En el singular archipiélago de Nueva Zelanda, que no tenía mamíferos, florecieron más de 250 especies diferentes de aves. Cuando los humanos descubrieron Nueva Zelanda en el siglo XIII, se alteró el equili

A pesar de su tamaño relativamente grande, el moa de Nueva Zelanda, ave parecida al avestruz, se enfrentaba a los mortales ataques de las águilas gigantes de Haast.

El águila arpía puede ver objetos que miden tan solo tres cuartos de pulgada (2 cm) desde una distancia de 600 pies (183 m).

brio natural de las islas y, en menos de 100 años, más del 40 por ciento de las especies de aves —entre ellas el águila de Haast y el moa— fueron exterminadas.

Aunque actualmente abundan muchas especies de águilas, algunas especies, como el águila azor de Flores, se acercan peligrosamente a la extinción. Existen menos de 100 parejas. Las actividades humanas son la mayor causa de muerte generalizada de águilas. Las águilas se electrocutan con los cables eléctricos, chocan contra edificios altos y objetos como las **turbinas** eólicas y torres de radio, y comen presas **contaminadas**. Sin embargo, la mayoría de las águilas simplemente mueren a causa de la caza o por la destrucción de sus hábitats.

En Estados Unidos, a pesar de estar legalmente protegidas contra la caza por la Ley de Protección del Águila Calva de 1940, las águilas calvas eran cazadas, atrapadas y envenenadas hasta bien entrados los años 60 porque los agricultores y ganaderos las consideraban una **peste**. Cuando se las protegió aún más con la Ley de Especies en Peligro de Extinción de 1973, las poblaciones de águila calva empezaron a recuperarse. Actualmente, existen más de 300.000 águilas calvas en los 48 estados continentales y la especie fue retirada de la Lista de Especies en Peligro de Extinción.

Comprender cómo los humanos afectamos a las águilas es fundamental para los esfuerzos de conservación de estas aves. Una serie de estudios realizados por el Grupo de Investigación sobre Aves Depredadoras de Santa Cruz, en California, están diseñados para revelar el impacto que las turbinas eólicas tienen sobre las poblaciones de águilas —específicamente las águilas reales que viven en el Monte Diablo, en la región centro-occidente de California. En Canadá, la Fundación para la Investigación de las Águilas de las Montañas Rocosas estudia a las águilas que migran a lo largo de la «Carretera del águila», una

El águila azor galana eleva su cresta de plumas cuando se emociona o se sobresalta.

ruta que siguen miles de águilas reales y calvas cuando migran entre Alaska y el sur de Estados Unidos, a través de las Montañas Rocosas de Alberta, Canadá.

Dichas investigaciones comúnmente incluyen un proceso llamado anillado. Se atrapa a las aves con varios métodos, entre otros, con trampas y redes. Luego, en las patas de las aves se colocan brazaletes de metal o de plástico, llamados anillos o bandas, que llevan un número o código impreso. Se libera a las aves y, posteriormente, dentro de un período de varios meses o años, se vuelve a atrapar a las aves y se las identifica por su banda. Este método para recolectar datos funciona bien para contar la cantidad de aves, pero el anillado no es tan útil para rastrear la migración ni los patrones de anidación.

Para proyectos como los realizados sobre la migración de las águilas, los transmisores por **satélite** ofrecen un método mucho mejor para monitorear a las águilas. El transmisor es un dispositivo con **Sistema de Posicionamiento Global** (GPS, por sus siglas en inglés) que es pequeño y lo suficientemente ligero como para colocarlo en la espalda de las aves. El paquete impermeable se coloca entre las alas del águila. El transmisor dentro del paquete envía una señal cada 10 días, y un satélite recibe la señal y envía un correo electrónico a los investigadores. Las baterías del transmisor duran dos años. Transcurrido ese tiempo, las correas que sostienen el paquete están diseñadas para soltarse, y así el paquete se cae de la espalda del ave sin causarle daño alguno. Los transmisores cuestan miles de dólares y, por ello, los investigadores tratan de recuperarlos para reutilizarlos.

Los transmisores se usan en muchas especies de águilas, entre ellas, el águila real y el águila calva de América del Norte, y el águila arpía de América del Sur. En el caso de las águilas arpías, a las águilas jóvenes **criadas en cautiverio** se les coloca un transmisor antes de liberarlas en la naturaleza. A los investigadores se les ha hecho casi imposible colocar transmisores en las águilas gigantes adultas de los bosques tropicales, que suelen ser aves fuertes y feroces.

En América del Sur, las investigaciones sobre las águilas arpías adultas se llevan a cabo desde una distancia segura. Los científicos llevan a cabo investigaciones sobre la dieta y los

El águila de la libertad

¡Ay, esa águila de la libertad! Cuando las nubes densas y bajas
Envolvían al cielo de mi país de origen con mortajas,
Cuando los rayos brillaban feroces y los truenos sonaban cual cañones,
¡Orgullosa, bajo la tormenta, estiraba sus piñones!
Aunque el estruendo salvaje de la batalla feroz corría,
Creando oscuridad y pavor; el águila permanecía,
Sin miedo, sin desacelerar, su veloz vuelo continuó
Hasta que el arco iris de la paz a la victoria coronó.

¡Ay, esa águila de la libertad! La edad no apaga sus ojos, quiero insistir,
¡Ha visto a la mortalidad de la tierra, brotar, florecer y morir!
Ha visto a las fuertes naciones levantarse, florecer y caer,
Se burla de los cambios del tiempo, a todos ellos los suele vencer;
Ha visto cubierta de bosques a nuestra propia tierra,
En su mente la ve con rayos de sol y sin guerra;
Y su presencia bendecirá a esta su elegida región,
Hasta que el arcángel al tiempo le dé su autorización.

**— por Alfred B. Street (1811–81); traducción al español
de Gabriela Lozano**

patrones de anidación del águila arpía a fin de comprender las necesidades de esta ave en relación con el entorno que comparte con el humano. Los investigadores trepan árboles y se colocan en plataformas cerca de los nidos de las águilas para estudiar a estos animales en su hábitat natural. Los pies del águila arpía tienen el mismo tamaño que la mano de un hombre, y sus garras, que miden 5 pulgadas (13 cm) de largo — más largas que las garras de un oso grizzly — son las más largas de todas las especies de águilas. Cuando observan a las águilas arpía, los investigadores deben usar casco y ropa blindada, ya que un águila arpía puede matar a un humano con su pico y sus garras, y puede tirarlo fácilmente del árbol.

En 2022, se consideró al águila volatinera de cara roja africana en peligro de extinción, en gran medida por la pérdida de su hábitat.

La Alianza para la Conservación de las Águilas es una organización mundial dedicada a la investigación de las águilas. Uno de los proyectos de este grupo se está llevando a cabo en Camboya, país del sudeste asiático, e incluye al águila pescadora de cabeza gris. Se sabe muy poco sobre esta águila y la cantidad de ejemplares está disminuyendo. Los científicos han descubierto que aunque a estas aves se las conoce como águilas «pescadoras», en realidad, comen más serpientes acuáticas que peces. En Camboya y otros países del sudeste asiático, la cría de serpientes acuáticas ha aumentado para satisfacer la demanda mundial de piel de serpiente. La disminución de las serpientes acuáticas ha provocado la disminución de las poblaciones de águilas.

El águila filipina tiene alas anchas y una cola cuadrada que le permite elevarse casi verticalmente entre los árboles y las enredaderas.

Dondequiera que se encuentren las águilas, deben competir con los humanos por los recursos. En muchos lugares del mundo, la industria maderera tala árboles que las águilas necesitan para anidar, y construyen represas, inundando los bosques y pastizales donde las águilas cazan. La investigación y la educación sobre las necesidades y hábitats de las águilas constituyen un importante primer paso hacia salvar a las águilas de un futuro incierto.

Cuento de animales: Los regalos de las águilas

Los pueblos nativos del noroeste del Pacífico creen en el poder de los espíritus de los animales. El siguiente mito sobre la integridad de las águilas revela los lazos cercanos que unen a estos pueblos originarios con el águila y los hace compartir sus recursos con gusto.

Hace mucho tiempo, había una aldea junto a un gran río donde la gente pescaba salmón. En las proximidades vivían águilas que seguían a los pescadores hasta el río.

«Ustedes son pescadores muy hábiles», les decían las águilas a los pescadores. «Por favor, compartan su pesca con nosotras. Tenemos mucha hambre».

Pero los pescadores jamás compartían sus pescados; por lo tanto, las águilas bajaban y se robaban el salmón de los botes de los pescadores.

Llegó el día en que el niño más pequeño de la aldea tuvo edad suficiente para ir al río a pescar. En una canoa pequeña, atrapó solo tres peces.

Las águilas rodearon el bote del muchacho y le dijeron, «Por favor, comparte tu pesca con nosotras. Tenemos mucha hambre».

El niño sabía que los otros pescadores atraparían suficientes peces para la aldea, así que arrojó al aire sus salmones. Las águilas atraparon los salmones y se alejaron volando para comer en soledad.

Los demás pescadores vieron lo sucedido. Se enojaron mucho y le dijeron al niño que se fuera a casa y no volviera a pescar nunca más. De pronto, una gran tormenta proveniente de las montañas empezó a soplar, y del cielo cayó un aguacero. El río enojado sacudió los botes de los pescadores y todo el salmón que habían pescado cayó fuera de la borda.

La tormenta duró muchos días y la gente de la aldea empezó a tener hambre. Cuando las nubes finalmente se abrieron y el sol regresó, los pescadores fueron al río a pescar salmón, pero todos los salmones se habían ido. Los hombres pescaban y pescaban, pero regresaban a la aldea sin nada para alimentar a sus familias.

El niño que había compartido sus salmones con las águilas fue al bosque junto al río y gritó hacia lo alto de los árboles, «Águilas, como yo compartí con ustedes cuando nadie más lo hizo, por favor, tráiganme algo de comer».

Las águilas estuvieron de acuerdo en que el niño había sido generoso, así que le pagarían el favor. Volaron hacia el mar donde había peces en abundancia. Llevaron muchos peces a la aldea y se los entregaron al muchacho. El muchacho se sintió tan contento que compartió los pescados con toda la aldea.

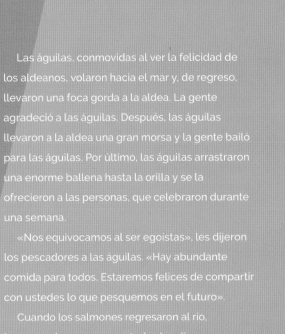

Las águilas, conmovidas al ver la felicidad de los aldeanos, volaron hacia el mar y, de regreso, llevaron una foca gorda a la aldea. La gente agradeció a las águilas. Después, las águilas llevaron a la aldea una gran morsa y la gente bailó para las águilas. Por último, las águilas arrastraron una enorme ballena hasta la orilla y se la ofrecieron a las personas, que celebraron durante una semana.

«Nos equivocamos al ser egoístas», les dijeron los pescadores a las águilas. «Hay abundante comida para todos. Estaremos felices de compartir con ustedes lo que pesquemos en el futuro».

Cuando los salmones regresaron al río, los pescadores pescaron todos los días. Compartieron su pesca con las águilas, pues había suficiente para todos. Es por eso que, hasta la fecha, los pueblos nativos del Noroeste del Pacífico están contentos de vivir en paz con las águilas que los siguen cuando salen a pescar.

Glosario

cadena alimenticia – sistema en la naturaleza en el cual los seres vivos dependen unos de otros para alimentarse.

contaminar – liberar una sustancia no natural que afecta negativamente al medio ambiente o a los animales.

criado en cautiverio – criado en un lugar de donde no se puede escapar.

diente de huevo – la punta dura, parecida a un diente, del pico de una cría de ave o de la boca de una cría de reptil que se usa solamente para romper el cascarón al nacer.

escudo de armas – el símbolo oficial de una familia, estado, nación u otro grupo.

evolucionar – desarrollarse gradualmente hasta adoptar una forma nueva.

extinción – el acto o proceso de extinguirse; acabarse o desaparecer.

indígena – que es originario o nativo de una región o país en particular.

migrar – viajar de una región o clima a otro para alimentarse o aparearse.

mitología – conjunto de mitos o creencias o historias tradicionales o populares que explican cómo algo empezó a existir o que están asociados a una persona u objeto.

peste – algo irritante o dañino para la gente o la tierra.

plumaje – todas las plumas que cubren a un ave.

satélite – un dispositivo mecánico lanzado al espacio; puede estar diseñado para viajar alrededor de la Tierra o hacia otros planetas o el sol.

Sistema de Posicionamiento Global – GPS; sistema de satélites, computadoras y otros dispositivos electrónicos que trabajan juntos para determinar la ubicación de objetos o seres vivos que traen puesto un dispositivo rastreable.

tótem – un objeto, animal o planta respetado como símbolo de un grupo y a menudo usado en ceremonias y rituales.

turbina – una máquina que produce energía cuando el viento o el agua hacen girar sus aspas, que están unidas a una rueda o un rotor.

zoólogo – persona que estudia los animales y sus vidas.